PINHOK
LANGUAGES

www.pinhok.com

Introduction

This Book

Are you looking for the quickest way to learn a language? Then this book is right for you. Most vocabulary books present you with an overwhelming amount of vocabularies and no clear guide on how to learn them. This book is different. It contains the 2000 most important words and phrases you will have to learn and orders them by importance so you learn the most commonly used words first.

This method of prioritising is well known in the language learning community. Does it make the learning process effortless? No, as with everything, effort is required, but this book strives to minimize the effort required to see results. By the time you get to vocabulary 500, for example, you are equipped with the words and phrases that let you get along in daily life. After finishing the whole 2000 vocabularies in the book, you are on the brink to fluency.

Pinhok Languages

Pinhok Languages strives to create language learning products that support learners around the world in their mission of learning a new language. In doing so, we combine best practice from various fields and industries to come up with innovative products and material.

The Pinhok Team hopes this book can help you with your learning process and gets you to your goal faster. Should you be interested in finding out more about us, please go to our website www.pinhok.com. For feedback, error reports, criticism or simply a quick "hi", please also go to our website and use the contact form.

Disclaimer of Liability

1 - 100

I	मैं (main)
you (singular)	आप (aap)
he	वह (vah)
she	वह (vah)
it	यह (yah)
we	हम (ham)
you (plural)	आप (aap)
they	वे (ve)
what	क्या (kya)
who	कौन (kaun)
where	कहाँ (kahaan)
why	क्यूं (kyoon)
how	कैसे (kaise)
which	कौन सा (kaun sa)
when	कब (kab)
then	फिर (phir)
if	अगर (agar)
really	वाक़ई (vaaqee)
but	लेकिन (lekin)
because	क्योंकि (kyonki)
not	नहीं (nahin)
this	इस (is)
that	उस (us)
all	सब (sab)
or	या (ya)
and	और (aur)
to know	जानना (jaanana)
to think	सोचना (sochana)

to come	आना (aana)
to put	रखना (rakhana)
to take	लेना (lena)
to find	ढूँढ़ना (dhoondhana)
to listen	सुनना (sunana)
to work	काम करना (kaam karana)
to talk	बात करना (baat karana)
to give (somebody something)	देना (dena)
to like	पसंद करना (pasand karana)
to help	मदद करना (madad karana)
to love	प्यार करना (pyaar karana)
to call	कॉल करना (kol karana)
to wait	प्रतीक्षा करना (prateeksha karana)
0	शून्य (shoony)
1	एक (ek)
2	दो (do)
3	तीन (teen)
4	चार (chaar)
5	पांच (paanch)
6	छह (chhah)
7	सात (saat)
8	आठ (aath)
9	नौ (nau)
10	दस (das)
11	ग्यारह (gyaarah)
12	बारह (baarah)
13	तेरह (terah)
14	चौदह (chaudah)
15	पंद्रह (pandrah)
16	सोलह (solah)

17	सत्रह (satrah)
18	अठारह (athaarah)
19	उन्नीस (unnees)
20	बीस (bees)
new	नया (naya)
old (not new)	पुराना (puraana)
few	कुछ (kuchh)
many	अनेक (anek)
wrong	गलत (galat)
correct	सही (sahee)
bad	खराब (kharaab)
good	अच्छा (achchha)
happy	खुश (khush)
short (length)	लघु (laghu)
long	लंबा (lamba)
small	छोटा (chhota)
big	बड़ा (bada)
there	वहाँ (vahaan)
here	यहाँ (yahaan)
right	दाहिने (daahine)
left	बाएं (baen)
beautiful	सुंदर (sundar)
young	युवा (yuva)
old (not young)	बूढ़ा (boodha)
hello	हैलो (hailo)
see you later	बाद में मिलते हैं (baad mein milate hain)
ok	ठीक (theek)
take care	ध्यान रखें (dhyaan rakhen)
don't worry	चिंता मत करो (chinta mat karo)
of course	बेशक (beshak)

good day	शुभ दिवस (shubh divas)
hi	नमस्ते (namaste)
bye bye	अलविदा (alavida)
good bye	अलविदा (alavida)
excuse me	माफ़ कीजिये (maaf keejiye)
sorry	मुझे माफ करें (mujhe maaph karen)
thank you	धन्यवाद (dhanyavaad)
please	कृपया (krpaya)
I want this	मैं यह चाहता हूँ (main yah chaahata hoon)
now	अभी (abhee)
afternoon	दोपहर (dopahar)
morning (9:00-11:00)	सुबह (subah)

101 - 200

night	रात (raat)
morning (6:00-9:00)	सुबह (subah)
evening	शाम (shaam)
noon	दोपहर (dopahar)
midnight	आधी रात (aadhee raat)
hour	घंटा (ghanta)
minute	मिनट (minat)
second (time)	सेकंड (sekand)
day	दिन (din)
week	सप्ताह (saptaah)
month	महीना (maheena)
year	साल (saal)
the day before yesterday	बीता हुआ परसों (beeta hua parason)
yesterday	बीता हुआ कल (beeta hua kal)
today	आज (aaj)
tomorrow	आने वाला कल (aane vaala kal)
the day after tomorrow	आने वाला परसों (aane vaala parason)
Monday	सोमवार (somavaar)
Tuesday	मंगलवार (mangalavaar)
Wednesday	बुधवार (budhavaar)
Thursday	गुरूवार (guroovaar)
Friday	शुक्रवार (shukravaar)
Saturday	शनिवार (shanivaar)
Sunday	रविवार (ravivaar)
time	समय (samay)
date (time)	तारीख (taareekh)
woman	महिला (mahila)
man	आदमी (aadamee)

love	मोहब्बत (mohabbat)
boyfriend	प्रेमी (premee)
girlfriend	प्रेमिका (premika)
friend	मित्र (mitr)
kiss	चुंबन (chumban)
sex	यौन-क्रिया (yaun-kriya)
child	बच्चा (bachcha)
baby	बच्चा (bachcha)
girl	लड़की (ladakee)
boy	लड़का (ladaka)
life	जिंदगी (jindagee)
mum	मम्मी (mammee)
dad	पापा (paapa)
mother	माँ (maan)
father	पिता (pita)
parents	माता-पिता (maata-pita)
son	बेटा (beta)
daughter	बेटी (betee)
little sister	छोटी बहन (chhotee bahan)
little brother	छोटा भाई (chhota bhaee)
big sister	बड़ी बहन (badee bahan)
big brother	बड़ा भाई (bada bhaee)
to stand	खड़ा होना (khada hona)
to sit	बैठना (baithana)
to lie	विश्राम करना (vishraam karana)
to close	बंद करना (band karana)
to open (e.g. a door)	खोलना (kholana)
to lose	खोना (khona)
to win	जीतना (jeetana)
to die	मरना (marana)

to live	जीना (jeena)
to turn on	चालू करना (chaaloo karana)
to turn off	बंद करना (band karana)
to kill	मार डालना (maar daalana)
to injure	घायल करना (ghaayal karana)
to turn around	करवट बदलना (karavat badalana)
to touch	छूना (chhoona)
to watch	देखना (dekhana)
to drink	पीना (peena)
to eat	खाना (khaana)
to walk	पैदल चलना (paidal chalana)
to ask for	पूछना (poochhana)
to meet	मिलना (milana)
to bet	शर्त लगाना (shart lagaana)
to kiss	चुंबन करना (chumban karana)
to follow	पीछा करना (peechha karana)
to marry	विवाह करना (vivaah karana)
to answer	जवाब देना (javaab dena)
to ask	पूछना (poochhana)
job	काम (kaam)
money	पैसे (paise)
business	व्यापार (vyaapaar)
company	कंपनी (kampanee)
telephone	टेलीफोन (teleephon)
question	प्रश्न (prashn)
doctor	चिकित्सक (chikitsak)
hospital	अस्पताल (aspataal)
nurse	नर्स (nars)
policeman	पोलिस वाला (polis vaala)
office	कार्यालय (kaaryaalay)

president (of a state)	अध्यक्ष (adhyaksh)
white	सफेद (saphed)
black	काला (kaala)
red	लाल (laal)
blue	नीला (neela)
green	हरा (hara)
yellow	पीला (peela)
slow	धीमा (dheema)
quick	शीघ्र (sheeghr)
funny	मजेदार (majedaar)
unfair	अनुचित (anuchit)
fair	निष्पक्ष (nishpaksh)

difficult	कठिन (kathin)
easy	आसान (aasaan)
rich	धनी (dhanee)
poor	गरीब (gareeb)
strong	बलवान (balavaan)
weak	कमज़ोर (kamazor)
safe (adjective)	सुरक्षित (surakshit)
tired	थका हुआ (thaka hua)
proud	घमंडी (ghamandee)
full (from eating)	पूर्ण (poorn)
sick	बीमार (beemaar)
healthy	स्वस्थ (svasth)
angry	क्रोधित (krodhit)
low	निम्न (nimn)
high	उच्च (uchch)
straight (line)	सीधा (seedha)
every	प्रत्येक (pratyek)
always	हमेशा (hamesha)
actually	वास्तव में (vaastav mein)
again	फिर से (phir se)
already	पहले से (pahale se)
less	कम (kam)
most	अधिकांश (adhikaansh)
more	अधिक (adhik)
none	कोई नहीं (koee nahin)
very	बहुत (bahut)
animal	जानवर (jaanavar)
pig	सूअर (sooar)

cow	गाय (gaay)
horse	घोड़ा (ghoda)
dog	कुत्ता (kutta)
sheep	भेड़ (bhed)
monkey	बंदर (bandar)
cat	बिल्ली (billee)
bear	भालू (bhaaloo)
chicken (animal)	मुर्गी (murgee)
duck	बतख (batakh)
butterfly	तितली (titalee)
bee	मधुमक्खी (madhumakkhee)
fish (animal)	मछली (machhalee)
spider	मकड़ी (makadee)
snake	साँप (saanp)
outside	बाहर (baahar)
inside	अंदर (andar)
far	दूर (door)
close	समीप (sameep)
below	नीचे (neeche)
above	ऊपर (oopar)
beside	बगल में (bagal mein)
front	सामने (saamane)
back (position)	पीछे (peechhe)
sweet	मीठा (meetha)
sour	खट्टा (khatta)
strange	अजीब (ajeeb)
soft	मुलायम (mulaayam)
hard	कठिन (kathin)
cute	प्यारा (pyaara)
stupid	बेवकूफ (bevakooph)

crazy	पागल (paagal)
busy	व्यस्त (vyast)
tough	कठोर (kathor)
tall	लंबा (lamba)
short (height)	ठिगना (thigana)
worried	चिंतित (chintit)
surprised	आश्चर्यचकित (aashcharyachakit)
cool	ठंडा (thanda)
well-behaved	शिष्ट (shisht)
evil	शैतान (shaitaan)
clever	चतुर (chatur)
cold (adjective)	ठंडा (thanda)
hot (temperature)	गरम (garam)
head	सिर (sir)
nose	नाक (naak)
hair	बाल (baal)
mouth	मुंह (munh)
ear	कान (kaan)
eye	आंख (aankh)
hand	हाथ (haath)
foot	पैर (pair)
heart	हृदय (hrday)
brain	मस्तिष्क (mastishk)
to pull (... open)	खींचना (kheechana)
to push (... open)	धक्का मारना (dhakka maarana)
to press (a button)	दबाना (dabaana)
to push (e.g. a car)	धक्का मारना (dhakka maarana)
to pull (e.g. a car)	खींचना (kheechana)
to hit	मारना (maarana)
to catch	पकड़ना (pakadana)

to fight	लड़ना (ladana)
to throw	फेंकना (phenkana)
to run	दौड़ना (daudana)
to read	पढ़ना (padhana)
to write	लिखना (likhana)
to fix	ठीक करना (theek karana)
to count	गिनती करना (ginatee karana)
to cut	काटना (kaatana)
to save (computer)	बचाना (bachaana)
to sell	बेचना (bechana)
to buy	खरीदना (khareedana)
to pay	भुगतान करना (bhugataan karana)

301 - 400

to study	पढ़ाई करना (padhaee karana)
to dream	सपने देखना (sapane dekhana)
to sleep	सोना (sona)
to play	खेलना (khelana)
to celebrate	उत्सव मनाना (utsav manaana)
to rest	आराम करना (aaraam karana)
to enjoy	मजा लेना (maja lena)
to clean	साफ करना (saaph karana)
school	स्कूल (skool)
house	मकान (makaan)
person	व्यक्ति (vyakti)
car	कार (kaar)
home	घर (ghar)
city	शहर (shahar)
door	दरवाजा (daravaaja)
husband	पति (pati)
wife	पत्नी (patnee)
wedding	शादी (shaadee)
number	संख्या (sankhya)
21	इक्कीस (ikkees)
22	बाईस (baees)
26	छब्बीस (chhabbees)
30	तीस (tees)
31	इकत्तीस (ikattees)
33	तेंतीस (tentees)
37	सैंतीस (saintees)
40	चालीस (chaalees)
41	इकतालीस (ikataalees)

44	चवालीस (chavaalees)
48	अड़तालीस (adataalees)
50	पचास (pachaas)
51	इक्यावन (ikyaavan)
55	पचपन (pachapan)
59	उनसठ (unasath)
60	साठ (saath)
61	इकसठ (ikasath)
62	बासठ (baasath)
66	छियासठ (chhiyaasath)
70	सत्तर (sattar)
71	इकहत्तर (ikahattar)
73	तिहत्तर (tihattar)
77	सतत्तर (satattar)
80	अस्सी (assee)
81	इक्यासी (ikyaasee)
84	चौरासी (chauraasee)
88	अठासी (athaasee)
90	नब्बे (nabbe)
91	इक्यानवे (ikyaanave)
95	पंचानवे (panchaanave)
99	निन्यानवे (ninyaanave)
100	एक सौ (ek sau)
1000	एक हज़ार (ek hazaar)
10.000	दस हज़ार (das hazaar)
100.000	एक लाख (ek laakh)
1.000.000	दस लाख (das laakh)
my dog	मेरा कुत्ता (mera kutta)
your cat	आपकी बिल्ली (aapakee billee)
her dress	उसकी पोशाक (usakee poshaak)

his car	उसकी कार (usakee kaar)
its ball	इसकी गेंद (isakee gend)
our home	हमारा घर (hamaara ghar)
your team	आपकी टीम (aapakee teem)
their company	उनकी कंपनी (unakee kampanee)
everybody	हर कोई (har koee)
together	साथ साथ (saath saath)
other	अन्य (any)
doesn't matter	कोई फर्क नहीं पड़ता (koee phark nahin padata)
cheers	चियर्स (chiyars)
relax	आराम करें (aaraam karen)
I agree	मैं सहमत हूँ (main sahamat hoon)
welcome	स्वागत है (svaagat hai)
no worries	कोई चिंता नहीं (koee chinta nahin)
turn right	दायें मुड़ो (daayen mudo)
turn left	बांए मुड़िए (baane mudie)
go straight	सीधे जाएँ (seedhe jaen)
Come with me	मेरे साथ आइए (mere saath aaie)
egg	अंडा (anda)
cheese	चीज़ (cheez)
milk	दूध (doodh)
fish (to eat)	मछली (machhalee)
meat	मांस (maans)
bone (food)	हड्डी (haddee)
vegetable	सब्जी (sabjee)
fruit	फल (phal)
oil	तेल (tel)
bread	ब्रेड (bred)
sugar	चीनी (cheenee)

chocolate	चॉकलेट (chokalet)
candy	कैंडी (kaindee)
cake	केक (kek)
drink	पेय (pey)
water	पानी (paanee)
soda	सोडा (soda)
coffee	कॉफ़ी (kofee)
tea	चाय (chaay)
beer	बीयर (beeyar)
wine	वाइन (vain)
salad	सलाद (salaad)
soup	सूप (soop)
dessert	मिठाई (mithaee)

breakfast	सुबह का नाश्ता (subah ka naashta)
lunch	दोपहर का भोजन (dopahar ka bhojan)
dinner	रात का खाना (raat ka khaana)
pizza	पिज़्ज़ा (pizza)
bus	बस (bas)
train	रेल गाडी (rel gaadee)
train station	रेलवे स्टेशन (relave steshan)
bus stop	बस स्टॉप (bas stop)
plane	विमान (vimaan)
ship	समुंद्री जहाज (samundree jahaaj)
lorry	लॉरी (loree)
bicycle	साइकिल (saikil)
motorcycle	मोटरसाइकिल (motarasaikil)
taxi	टैक्सी (taiksee)
traffic light	ट्रैफिक लाइट (traiphik lait)
car park	कार पार्क (kaar paark)
road	सड़क (sadak)
clothing	कपड़ा (kapada)
shoe	जूता (joota)
coat	कोट (kot)
sweater	स्वेटर (svetar)
shirt	शर्ट (shart)
jacket	जैकेट (jaiket)
suit	सूट (soot)
trousers	पतलून (pataloon)
dress	पोशाक (poshaak)
T-shirt	टीशर्ट (teeshart)
sock	मौज़ा (mauza)

bra	ब्रा (bra)
underpants	जांघिया (jaanghiya)
glasses	चश्मा (chashma)
handbag	हैंडबैग (haindabaig)
purse	पर्स (pars)
wallet	बटुआ (batua)
ring	अंगूठी (angoothee)
hat	टोपी (topee)
watch	घड़ी (ghadee)
pocket	जेब (jeb)
What's your name?	आपका नाम क्या है? (aapaka naam kya hai?)
My name is David	मेरा नाम डेविड है (mera naam devid hai)
I'm 22 years old	मेरी आयु 22 वर्ष है (meree aayu 22 varsh hai)
I like you	मैं तुम्हें पसंद करता हूं (main tumhen pasand karata hoon)
Do you love me?	क्या तुम मुझे प्यार करती हो? (kya tum mujhe pyaar karatee ho?)
I love you	मैं तुमसे प्यार करता हूँ (main tumase pyaar karata hoon)
I know	मुझे पता है (mujhe pata hai)
How much is this?	यह कितना है? (yah kitana hai?)
Sorry, I'm a little late	क्षमा करें, मुझे थोड़ी देरी हुई (kshama karen, mujhe thodee deree huee)
I don't know	मुझे नहीं पता (mujhe nahin pata)
How are you?	क्या हाल है? (kya haal hai?)
Are you ok?	आप ठीक हो? (aap theek ho?)
I want more	मैं और अधिक चाहता हूँ (main aur adhik chaahata hoon)
how much?	कितना? (kitana?)
how many?	कितने? (kitane?)
I don't like this	मुझे यह पसंद नहीं है (mujhe yah pasand nahin hai)
Can you help me?	क्या आप मेरी मदद कर सकते हैं? (kya aap meree madad kar sakate hain?)
Where is the toilet?	शौचालय कहां है? (shauchaalay kahaan hai?)

I miss you	मुझे आप की याद आती है (mujhe aap kee yaad aatee hai)
spring	वसंत (vasant)
summer	गर्मी (garmee)
autumn	पतझड़ (patajhad)
winter	सर्दी (sardee)
January	जनवरी (janavaree)
February	फरवरी (pharavaree)
March	मार्च (maarch)
April	अप्रैल (aprail)
May	मई (maee)
June	जून (joon)
July	जुलाई (julaee)
August	अगस्त (agast)
September	सितंबर (sitambar)
October	अक्टूबर (aktoobar)
November	नवंबर (navambar)
December	दिसंबर (disambar)
shopping	खरीदारी (khareedaaree)
bill	बिल (bil)
market	बाजार (baajaar)
supermarket	सुपरमार्केट (suparamaarket)
building	इमारत (imaarat)
apartment	फ्लैट (phlait)
university	विश्वविद्यालय (vishvavidyaalay)
farm	खेत (khet)
church	चर्च (charch)
restaurant	रेस्टोरेंट (restorent)
bar	बार (baar)
gym	जिम (jim)

park	पार्क (paark)
toilet (public)	शौचालय (shauchaalay)
map	नक्शा (naksha)
ambulance	एम्बुलेंस (embulens)
police	पुलिस (pulis)
gun	बंदूक (bandook)
firefighters	अग्निशमन (agnishaman)
country	देश (desh)
suburb	उपनगर (upanagar)
village	गाँव (gaanv)
health	स्वास्थ्य (svaasthy)
medicine	दवा (dava)
accident	दुर्घटना (durghatana)
patient	मरीज (mareej)
surgery	सर्जरी (sarjaree)

501 - 600

pill	गोली (golee)
fever	बुखार (bukhaar)
cold (sickness)	सर्दी (sardee)
wound	घाव (ghaav)
appointment	नियुक्ति (niyukti)
sniffles	सर्दी (sardee)
cough	खांसी (khaansee)
neck	गरदन (garadan)
bottom	नितम्ब (nitamb)
shoulder	कंधा (kandha)
knee	घुटना (ghutana)
leg	टांग (taang)
arm	बांह (baanh)
belly	पेट (pet)
bosom	वक्षस्थल (vakshasthal)
back (part of body)	पीठ (peeth)
tooth	दांत (daant)
tongue	जीभ (jeebh)
lip	ओंठ (onth)
finger	उंगली (ungalee)
toe	पैर की अंगुली (pair kee angulee)
stomach	पेट (pet)
lung	फेफड़ा (phephada)
liver	यकृत (yakrt)
nerve	नस (nas)
kidney	गुर्दा (gurda)
intestine	आंत (aant)
colour	रंग (rang)

orange (colour)	नारंगी (naarangee)
grey	धूसर (dhoosar)
brown	भूरा (bhoora)
pink	गुलाबी (gulaabee)
boring	उबाऊ (ubaoo)
heavy	भारी (bhaaree)
light (weight)	हलका (halaka)
lonely	अकेला (akela)
hungry	भूखा (bhookha)
thirsty	प्यासा (pyaasa)
sad	उदास (udaas)
steep	तीव्र (teevr)
flat	समतल (samatal)
round	गोल (gol)
square (adjective)	चौकोर (chaukor)
narrow	संकीर्ण (sankeern)
broad	चौड़ा (chauda)
deep	गहरा (gahara)
shallow	उथला (uthala)
huge	विशाल (vishaal)
north	उत्तर (uttar)
east	पूर्व (poorv)
south	दक्षिण (dakshin)
west	पश्चिम (pashchim)
dirty	गंदा (ganda)
clean	स्वच्छ (svachchh)
full (not empty)	भरा हुआ (bhara hua)
empty	खाली (khaalee)
expensive	महंगा (mahanga)
cheap	सस्ता (sasta)

dark	गहरा (gahara)
light (colour)	हल्का (halka)
sexy	कामुक (kaamuk)
lazy	आलसी (aalasee)
brave	बहादुर (bahaadur)
generous	उदार (udaar)
handsome	रूपवान (roopavaan)
ugly	बदसूरत (badasoorat)
silly	मूर्ख (moorkh)
friendly	मित्रवत (mitravat)
guilty	दोषी (doshee)
blind	अंधा (andha)
drunk	शराबी (sharaabee)
wild	जंगली (jangalee)
calm	शांत (shaant)
wet	गीला (geela)
dry	सूखा (sookha)
warm	उष्ण (ushn)
loud	जोर (jor)
quiet	शांत (shaant)
silent	चुप (chup)
kitchen	रसोई (rasoee)
bathroom	बाथरूम (baatharoom)
living room	बैठक कक्ष (baithak kaksh)
bedroom	शयनकक्ष (shayanakaksh)
garden	बगीचा (bageecha)
garage	गेराज (geraaj)
wall	दीवार (deevaar)
basement	तहखाना (tahakhaana)
toilet (at home)	शौचालय (shauchaalay)

stairs	सीढ़ियां (seedhiyaan)
roof	छत (chhat)
window (building)	खिड़की (khidakee)
knife	चाकू (chaakoo)
cup (for hot drinks)	कप (kap)
glass	कांच (kaanch)
plate	प्लेट (plet)
cup (for cold drinks)	कप (kap)
garbage bin	कचरे का डब्बा (kachare ka dabba)
bowl	कटोरा (katora)
TV set	टीवी सेट (teevee set)
desk	डेस्क (desk)

bed	बिस्तर (bistar)
mirror	आईना (aaeena)
shower	शावर (shaavar)
sofa	सोफ़ा (sofa)
picture	चित्र (chitr)
clock	घड़ी (ghadee)
table	मेज (mej)
chair	कुरसी (kurasee)
swimming pool (garden)	तरण ताल (taran taal)
bell	घंटी (ghantee)
neighbour	पड़ोसी (padosee)
to fail	असफल होना (asaphal hona)
to choose	चुनना (chunana)
to shoot	निशाना लगाना (nishaana lagaana)
to vote	मतदान करना (matadaan karana)
to fall	गिरना (girana)
to defend	बचाव करना (bachaav karana)
to attack	आक्रमण करना (aakraman karana)
to steal	चुराना (churaana)
to burn	जलाना (jalaana)
to rescue	बचाना (bachaana)
to smoke	धूम्रपान (dhoomrapaan)
to fly	उड़ना (udana)
to carry	उठाना (uthaana)
to spit	थूकना (thookana)
to kick	लात मारना (laat maarana)
to bite	काटना (kaatana)
to breathe	साँस लेना (saans lena)

to smell	सूंघना (soonghana)
to cry	रोना (rona)
to sing	गाना (gaana)
to smile	मुस्कुराना (muskuraana)
to laugh	हंसना (hansana)
to grow	बढ़ना (badhana)
to shrink	हटना (hatana)
to argue	बहस करना (bahas karana)
to threaten	धमकाना (dhamakaana)
to share	साझा करना (saajha karana)
to feed	खिलाना (khilaana)
to hide	छुपाना (chhupaana)
to connect	संपर्क करना (sampark karana)
to warn	चेतावनी देना (chetaavanee dena)
to swim	तैरना (tairana)
to jump	कूदना (koodana)
to roll	लुढ़कना (ludhakana)
to knock	दस्तक देना (dastak dena)
to lift	ऊपर उठाना (oopar uthaana)
to dig	खुदाई करना (khudaee karana)
to copy	प्रतिलिपि बनाना (pratilipi banaana)
to delete	हटाना (hataana)
to cancel	रद्द करना (radd karana)
to deliver	वितरित करना (vitarit karana)
to edit	संपादित करना (sampaadit karana)
to look for	तलाश करना (talaash karana)
to practice	अभ्यास करना (abhyaas karana)
to load	भारित करना (bhaarit karana)
to travel	यात्रा करना (yaatra karana)
to paint	चित्र बनाना (chitr banaana)

to take a shower	नहाना (nahaana)
to open (unlock)	खोलना (kholana)
to lock	बंद करना (band karana)
to wash	धोना (dhona)
to pray	प्रार्थना करना (praarthana karana)
to cook	पकाना (pakaana)
book	किताब (kitaab)
library	पुस्तकालय (pustakaalay)
homework	घर का पाठ (ghar ka paath)
exam	परीक्षा (pareeksha)
lesson	पाठ (paath)
science	विज्ञान (vigyaan)
history	इतिहास (itihaas)
art	कला (kala)
English	अंग्रेज़ी (angrezee)
French	फ्रेंच (phrench)
pen	कलम (kalam)
pencil	पेंसिल (pensil)
3%	तीन प्रतिशत (teen pratishat)
first	प्रथम (pratham)
second (2nd)	दूसरा (doosara)
third	तीसरा (teesara)
fourth	चौथा (chautha)
result	परिणाम (parinaam)
square (shape)	वर्ग (varg)
circle	वृत्त (vrtt)
area	क्षेत्र (kshetr)
research	अनुसंधान (anusandhaan)
degree	डिग्री (digree)
bachelor	बैचलर (baichalar)

master	मास्टर (maastar)
x < y	x y से छोटा है (x y se chhota hai)
x > y	x y से बड़ा है (x y se bada hai)
stress	तनाव (tanaav)
insurance	बीमा (beema)
staff	कर्मचारी (karmachaaree)
department	विभाग (vibhaag)
salary	वेतन (vetan)
address	पता (pata)
letter (post)	पत्र (patr)
captain	कप्तान (kaptaan)
detective	जासूस (jaasoos)

pilot	पायलट (paayalat)
professor	प्रोफ़ेसर (profesar)
teacher	अध्यापक (adhyaapak)
lawyer	वकील (vakeel)
secretary	सचिव (sachiv)
assistant	सहायक (sahaayak)
judge	न्यायाधीश (nyaayaadheesh)
director	निदेशक (nideshak)
manager	मैनेजर (mainejar)
cook	रसोइया (rasoiya)
taxi driver	टैक्सी चालक (taiksee chaalak)
bus driver	बस चालक (bas chaalak)
criminal	अपराधी (aparaadhee)
model	मॉडल (modal)
artist	कलाकार (kalaakaar)
telephone number	टेलीफोन नंबर (teleephon nambar)
signal (of phone)	सिग्नल (signal)
app	एप (ep)
chat	चैट (chait)
file	फ़ाइल (fail)
url	यूआरएल (yooaarel)
e-mail address	ईमेल पता (eemel pata)
website	वेबसाइट (vebasait)
e-mail	ईमेल (eemel)
mobile phone	मोबाइल फोन (mobail phon)
law	कानून (kaanoon)
prison	जेल (jel)
evidence	सबूत (saboot)

fine	जुर्माना (jurmaana)
witness	गवाह (gavaah)
court	कोर्ट (kort)
signature	हस्ताक्षर (hastaakshar)
loss	नुकसान (nukasaan)
profit	लाभ (laabh)
customer	ग्राहक (graahak)
amount	रकम (rakam)
credit card	क्रेडिट कार्ड (kredit kaard)
password	पासवर्ड (paasavard)
cash machine	नकदी मशीन (nakadee masheen)
swimming pool (competition)	स्विमिंग पूल (sviming pool)
power	बिजली (bijalee)
camera	कैमरा (kaimara)
radio	रेडियो (rediyo)
present (gift)	उपहार (upahaar)
bottle	बोतल (botal)
bag	बैग (baig)
key	कुंजी (kunjee)
doll	गुड़िया (gudiya)
angel	देवदूत (devadoot)
comb	कंघी (kanghee)
toothpaste	टूथपेस्ट (toothapest)
toothbrush	टूथब्रश (toothabrash)
shampoo	शैम्पू (shaimpoo)
cream (pharmaceutical)	क्रीम (kreem)
tissue	रूमाल (roomaal)
lipstick	लिपस्टिक (lipastik)
TV	टीवी (teevee)
cinema	सिनेमा (sinema)

news	समाचार (samaachaar)
seat	सीट (seet)
ticket	टिकट (tikat)
screen (cinema)	स्क्रीन (skreen)
music	संगीत (sangeet)
stage	मंच (manch)
audience	दर्शक (darshak)
painting	चित्र (chitr)
joke	परिहास (parihaas)
article	लेख (lekh)
newspaper	अखबार (akhabaar)
magazine	पत्रिका (patrika)
advertisement	इस्तेहार (istehaar)
nature	प्रकृति (prakrti)
ash	राख (raakh)
fire (general)	आग (aag)
diamond	हीरा (heera)
moon	चंद्रमा (chandrama)
earth	पृथ्वी (prthvee)
sun	सूरज (sooraj)
star	तारा (taara)
planet	ग्रह (grah)
universe	ब्रम्हांड (bramhaand)
coast	तट (tat)
lake	झील (jheel)
forest	जंगल (jangal)
desert (dry place)	रेगिस्तान (registaan)
hill	पहाड़ी (pahaadee)
rock (stone)	चट्टान (chattaan)
river	नदी (nadee)

valley	घाटी (ghaatee)
mountain	पर्वत (parvat)
island	द्वीप (dveep)
ocean	सागर (saagar)
sea	समुद्र (samudr)
weather	मौसम (mausam)
ice	बर्फ (barph)
snow	हिमपात (himapaat)
storm	तूफ़ान (toofaan)
rain	बारिश (baarish)
wind	हवा (hava)
tree	पेड़ (ped)

plant	पौधा (paudha)
grass	घास (ghaas)
rose	गुलाब (gulaab)
flower	फूल (phool)
gas	गैस (gais)
metal	धातु (dhaatu)
gold	सोना (sona)
silver	चांदी (chaandee)
holiday	छुट्टी (chhuttee)
member	सदस्य (sadasy)
hotel	होटल (hotal)
beach	समुद्र तट (samudr tat)
guest	अतिथि (atithi)
birthday	जन्मदिन (janmadin)
Christmas	क्रिसमस (krisamas)
New Year	नया साल (naya saal)
Easter	ईस्टर (eestar)
uncle	चाचा (chaacha)
aunt	चाची (chaachee)
grandmother (paternal)	दादी (daadee)
grandfather (paternal)	दादा (daada)
grandmother (maternal)	नानी (naanee)
grandfather (maternal)	नाना (naana)
death	मौत (maut)
grave	कब्र (kabr)
divorce	तलाक (talaak)
bride	दुल्हन (dulhan)
groom	दूल्हा (doolha)

101	एक सौ एक (ek sau ek)
105	एक सौ पांच (ek sau paanch)
110	एक सौ दस (ek sau das)
151	एक सौ इक्यावन (ek sau ikyaavan)
200	दो सौ (do sau)
202	दो सौ दो (do sau do)
206	दो सौ छह (do sau chhah)
220	दो सौ बीस (do sau bees)
262	दो सौ बासठ (do sau baasath)
300	तीन सौ (teen sau)
303	तीन सौ तीन (teen sau teen)
307	तीन सौ सात (teen sau saat)
330	तीन सौ तीस (teen sau tees)
373	तीन सौ तिहत्तर (teen sau tihattar)
400	चार सौ (chaar sau)
404	चार सौ चार (chaar sau chaar)
408	चार सौ आठ (chaar sau aath)
440	चार सौ चालीस (chaar sau chaalees)
484	चार सौ चौरासी (chaar sau chauraasee)
500	पांच सौ (paanch sau)
505	पांच सौ पांच (paanch sau paanch)
509	पांच सौ नौ (paanch sau nau)
550	पाँच सौ पचास (paanch sau pachaas)
595	पांच सौ पंचानवे (paanch sau panchaanave)
600	छह सौ (chhah sau)
601	छह सौ एक (chhah sau ek)
606	छह सौ छह (chhah sau chhah)
616	छह सौ सोलह (chhah sau solah)
660	छह सौ साठ (chhah sau saath)
700	सात सौ (saat sau)

702	सात सौ दो (saat sau do)
707	सात सौ सात (saat sau saat)
727	सात सौ सत्ताईस (saat sau sattaees)
770	सात सौ सत्तर (saat sau sattar)
800	आठ सौ (aath sau)
803	आठ सौ तीन (aath sau teen)
808	आठ सौ आठ (aath sau aath)
838	आठ सौ अड़तीस (aath sau adatees)
880	आठ सौ अस्सी (aath sau assee)
900	नौ सौ (nau sau)
904	नौ सौ चार (nau sau chaar)
909	नौ सौ नौ (nau sau nau)
949	नौ सौ उनचास (nau sau unachaas)
990	नौ सौ नब्बे (nau sau nabbe)
tiger	बाघ (baagh)
mouse (animal)	चूहा (chooha)
rat	चूहा (chooha)
rabbit	खरगोश (kharagosh)
lion	शेर (sher)
donkey	गधा (gadha)
elephant	हाथी (haathee)
bird	पक्षी (pakshee)
cockerel	मुर्गा (murga)
pigeon	कबूतर (kabootar)
goose	बत्तख (battakh)
insect	कीट (keet)
bug	भृंग (bhrng)
mosquito	मच्छर (machchhar)
fly	मक्खी (makkhee)
ant	चींटी (cheentee)

whale	व्हेल (vhel)
shark	शार्क (shaark)
dolphin	डॉल्फिन (dolphin)
snail	घोंघा (ghongha)
frog	मेढक (medhak)
often	अक्सर (aksar)
immediately	तुरंत (turant)
suddenly	अचानक (achaanak)
although	हालांकि (haalaanki)
Miss, can I help you?	मिस, क्या मैं आपकी मदद कर सकता हूं? (mis, kya main aapakee madad kar sakata hoon?)
Madame, can I help you?	मैडम, क्या मैं आपकी मदद कर सकता हूं? (maidam, kya main aapakee madad kar sakata hoon?)
Sir, how can I help you?	महोदय, मैं आपकी मदद कैसे करूं? (mahoday, main aapakee madad kaise karoon?)

Do you have a phone?	क्या आपके पास फोन है? (kya aapake paas phon hai?)
My telephone number is one four three two eight seven five four three	मेरा टेलीफोन नंबर एक चार तीन दो आठ सात पांच चार तीन है (mera teleephon nambar ek chaar teen do aath saat paanch chaar teen hai)
I don't understand	मुझे समझ नहीं आ रहा है (mujhe samajh nahin aa raha hai)
My email address is david at pinhok dot com	मेरा ईमेल पता है डेविड एट पिनहोक डॉट कॉम (mera eemel pata hai devid et pinahok dot kom)
I'm David, nice to meet you	मैं डेविड हूँ, आपसे मिलकर अच्छा लगा (main devid hoon, aapase milakar achchha laga)
Let's watch a film	चलो एक फिल्म देखते हैं (chalo ek philm dekhate hain)
This is my girlfriend Anna	यह मेरी प्रेमिका अन्ना है (yah meree premika anna hai)
This is difficult	यह कठिन है (yah kathin hai)
This is quite expensive	यह काफी महंगा है (yah kaaphee mahanga hai)
You definitely have to come	आपको निश्चित रूप से आना होगा (aapako nishchit roop se aana hoga)
Usually I don't eat fish	आम तौर पर मैं मछली नहीं खाती (aam taur par main machhalee nahin khaatee)
First do this, then do that	पहले ऐसा करें, फिर वैसा करें (pahale aisa karen, phir vaisa karen)
If you do this, I will do that	यदि आप ऐसा करते हैं, तो मैं वैसा करूँगा (yadi aap aisa karate hain, to main vaisa karoonga)
I need this	मुझे इसकी जरूरत है (mujhe isakee jaroorat hai)
I want to go to the cinema	मैं सिनेमा जाना चाहता हूँ (main sinema jaana chaahata hoon)
I have a dog	मेरे पास एक कुत्ता है (mere paas ek kutta hai)
Tomorrow is Saturday	कल शनिवार है (kal shanivaar hai)
Let's meet at the train station	चलो ट्रेन स्टेशन पर मिलते हैं (chalo tren steshan par milate hain)
I hope the train arrives on time	मुझे उम्मीद है कि ट्रेन समय पर आती है (mujhe ummeed hai ki tren samay par aatee hai)
Let's go home	चलो घर चलें (chalo ghar chalen)

I want a cold coke	मुझे एक ठंडा कोक चाहिए (mujhe ek thanda kok chaahie)
Gold is more expensive than silver	सोना चांदी की तुलना में अधिक महंगा है (sona chaandee kee tulana mein adhik mahanga hai)
Silver is cheaper than gold	चांदी सोने की तुलना में सस्ता है (chaandee sone kee tulana mein sasta hai)
They are all the same	वे सभी एक जैसे हैं (ve sabhee ek jaise hain)
I am looking forward to seeing you	मैं आपसे दुबारा मिलने की इच्छा रखता हूँ (main aapase dubaara milane kee ichchha rakhata hoon)
I love you, but I won't marry you	मैं तुमसे प्यार करता हूँ, लेकिन मैं तुमसे शादी नहीं करूँगा (main tumase pyaar karata hoon, lekin main tumase shaadee nahin karoonga)
I like you because you are pretty	मुझे आप पसंद है क्योंकि आप सुंदर हैं (mujhe aap pasand hai kyonki aap sundar hain)
According to this, we should do that	इस के अनुसार, हमें यह करना चाहिए (is ke anusaar, hamen yah karana chaahie)
Except for this, I like them all	इसके अलावा, मैं उन सभी को पसंद करता हूं (isake alaava, main un sabhee ko pasand karata hoon)
I think we should do it like this	मुझे लगता है हमें इसे ऐसा करना चाहिए (mujhe lagata hai hamen ise aisa karana chaahie)
Although he is good at maths, he failed the test	हालांकि वह गणित में अच्छा है, फिर भी वह परीक्षा में विफल रहा (haalaanki vah ganit mein achchha hai, phir bhee vah pareeksha mein viphal raha)
gymnastics	जिम्नास्टिक्स (jimnaastiks)
tennis	टेनिस (tenis)
running	दौड़ना (daudana)
cycling	सायक्लिंग (saayakling)
golf	गोल्फ़ (golf)
ice skating	आइस स्केटिंग (aais sketing)
football	फुटबॉल (futabol)
basketball	बास्केटबाल (baasketabaal)
swimming	तैराकी (tairaakee)
diving (under the water)	गोताखोरी (gotaakhoree)
hiking	लंबी पैदल यात्रा (lambee paidal yaatra)
Europe	यूरोप (yoorop)

Asia	एशिया (eshiya)
America	अमेरिका (amerika)
Africa	अफ्रीका (aphreeka)
United Kingdom	यूनाइटेड किंगडम (yoonaited kingadam)
Spain	स्पेन (spen)
Switzerland	स्विट्जरलैंड (svitjaralaind)
Italy	इटली (italee)
France	फ्रांस (phraans)
Germany	जर्मनी (jarmanee)
Thailand	थाईलैंड (thaeelaind)
Singapore	सिंगापुर (singaapur)
Russia	रूस (roos)
Japan	जापान (jaapaan)
Israel	इजराइल (ijarail)
India	इंडिया (indiya)
China	चीन (cheen)
The United States of America	संयुक्त राज्य (sanyukt raajy)
Mexico	मेक्सिको (meksiko)
Canada	कनाडा (kanaada)
Chile	चिली (chilee)
Brazil	ब्राज़िल (braazil)
Argentina	अर्जेंटीना (arjenteena)
South Africa	दक्षिण अफ्रीका (dakshin aphreeka)
Nigeria	नाइजीरिया (naijeeriya)
Morocco	मोरक्को (morakko)
Libya	लीबिया (leebiya)
Kenya	केन्या (kenya)
Algeria	एलजीरिया (elajeeriya)
Egypt	मिस्र (misr)
New Zealand	न्यूजीलैंड (nyoojeelaind)

Australia	ऑस्ट्रेलिया (ostreliya)
quarter of an hour	पंद्रह मिनट (pandrah minat)
half an hour	आधा घंटा (aadha ghanta)
three quarters of an hour	पैंतालीस मिनट (paintaalees minat)
1:00	एक बजे (ek baje)
2:05	दो बज कर पाँच मिनट (do baj kar paanch minat)
3:10	तीन बजकर दस मिनट (teen bajakar das minat)
4:15	सवा चार बजे (sava chaar baje)
5:20	पांच बजकर बीस मिनट (paanch bajakar bees minat)
6:25	छह बजकर पच्चीस मिनट (chhah bajakar pachchees minat)
7:30	साढ़े सात (saadhe saat)
8:35	आठ बजकर पेंतीस मिनट (aath bajakar pentees minat)
9:40	दस बजने में बीस मिनट कम (das bajane mein bees minat kam)
10:45	ग्यारह बजने में पंद्रह मिनट कम (gyaarah bajane mein pandrah minat kam)
11:50	बारह बजने में दस मिनट कम (baarah bajane mein das minat kam)
12:55	एक बजने में पाँच मिनट कम (ek bajane mein paanch minat kam)
one o'clock in the morning	सुबह के एक बजे (subah ke ek baje)
two o'clock in the afternoon	दोपहर के दो बजे (dopahar ke do baje)
last week	पिछले सप्ताह (pichhale saptaah)
this week	इस सप्ताह (is saptaah)
next week	अगले सप्ताह (agale saptaah)
last year	पिछले साल (pichhale saal)
this year	इस साल (is saal)
next year	अगले वर्ष (agale varsh)
last month	पिछले महीने (pichhale maheene)
this month	इस महीने (is maheene)
next month	अगले महीने (agale maheene)

2014-01-01	एक जनवरी दो हजार चौदह (ek janavaree do hajaar chaudah)
2003-02-25	पच्चीस फरवरी दो हज़ार तीन (pachchees pharavaree do hazaar teen)
1988-04-12	बारह अप्रैल उन्नीस सौ अठासी (baarah aprail unnees sau athaasee)
1899-10-13	तेरह अक्टूबर अठारह सौ निन्यानवे (terah aktoobar athaarah sau ninyaanave)
1907-09-30	तीस सितंबर उन्नीस सौ सात (tees sitambar unnees sau saat)
2000-12-12	बारह दिसंबर दो हजार (baarah disambar do hajaar)
forehead	माथा (maatha)
wrinkle	झुर्री (jhurree)
chin	ठोड़ी (thodee)
cheek	गाल (gaal)
beard	दाढ़ी (daadhee)
eyelashes	पलकें (palaken)
eyebrow	भौं (bhaun)
waist	कमर (kamar)
nape	गर्दन (gardan)
chest	छाती (chhaatee)
thumb	अंगूठा (angootha)
little finger	छोटी उंगली (chhotee ungalee)
ring finger	अनामिका (anaamika)
middle finger	बीच की ऊँगली (beech kee oongalee)
index finger	तर्जनी (tarjanee)
wrist	कलाई (kalaee)
fingernail	नख (nakh)
heel	एड़ी (edee)
spine	रीढ़ की हड्डी (reedh kee haddee)
muscle	मांसपेशी (maansapeshee)

bone (part of body)	हड्डी (haddee)
skeleton	कंकाल (kankaal)
rib	पसली (pasalee)
vertebra	पृष्ठवंश (prshthavansh)
bladder	मूत्राशय (mootraashay)
vein	शिरा (shira)
artery	धमनी (dhamanee)
vagina	योनि (yoni)
sperm	शुक्राणु (shukraanu)
penis	लिंग (ling)
testicle	अंडकोष (andakosh)
juicy	रसीला (raseela)
hot (spicy)	तीखा (teekha)
salty	नमकीन (namakeen)
raw	कच्चा (kachcha)
boiled	उबला हुआ (ubala hua)
shy	शर्मीला (sharmeela)
greedy	लालची (laalachee)
strict	सख्त (sakht)
deaf	बहरा (bahara)
mute	मूक (mook)
chubby	गलफुल्ला (galaphulla)
skinny	पतला (patala)
plump	मोटा (mota)
slim	स्लिम (slim)
sunny	धूप (dhoop)
rainy	बरसाती (barasaatee)
foggy	धूमिल (dhoomil)
cloudy	धुंधला (dhundhala)
windy	तूफानी (toophaanee)

panda	पांडा (paanda)
goat	बकरा (bakara)
polar bear	ध्रुवीय भालू (dhruveey bhaaloo)
wolf	भेड़िया (bhediya)
rhino	गेंडा (genda)
koala	कोअला (koala)
kangaroo	कंगारू (kangaaroo)
camel	ऊंट (oont)
hamster	हैम्स्टर (haimstar)
giraffe	जिराफ़ (jiraaf)
fox	लोमड़ी (lomri)
bat	चमगादड़ (chamagaadad)
deer	हिरन (hiran)
swan	हंस (hans)
seagull	सीगल (seegal)
owl	उल्लू (ulloo)
eagle	चील (cheel)
raven	काला कौआ (kaala kaua)
penguin	पेंगुइन (penguin)
parrot	तोता (tota)
moth	मोथ (moth)
caterpillar	इल्ली (illee)
dragonfly	व्याध पतंग (vyaadh patang)
grasshopper	टिड्डी (tiddee)
squid	स्कीड (skveed)
octopus	ऑक्टोपस (oktopas)
turtle	कछुआ (kachhua)
shell	शंख (shankh)
seal	सील (seel)
jellyfish	जेलिफ़िश (jelifish)

crab	केकड़ा (kekada)
dinosaur	डायनासोर (daayanaasor)
tortoise	कछुआ (kachhua)
crocodile	मगरमच्छ (magaramachchh)
marathon	मैराथन (mairaathan)
triathlon	ट्रायथलन (traayathalan)
table tennis	टेबल टेनिस (tebal tenis)
weightlifting	भारोत्तोलन (bhaarottolan)
boxing	मुक्केबाज़ी (mukkebaazee)
badminton	बैडमिंटन (baidamintan)
figure skating	फिगर स्केटिंग (phigar sketing)
snowboarding	स्नोबोर्डिंग (snobording)
skiing	स्कीइंग (skeeing)
ice hockey	आइस हॉकी (aais hokee)

1101 - 1200

volleyball	वॉलीबॉल (voleebol)
rugby	रग्बी (ragbee)
cricket	क्रिकेट (kriket)
baseball	बेसबॉल (besabol)
American football	अमरीकी फुटबॉल (amareekee phutabol)
water polo	वाटर पोलो (vaatar polo)
surfing	सर्फ़िंग (sarfing)
sailing	नौकायन (naukaayan)
rowing	रोइंग (roing)
car racing	कार रेसिंग (kaar resing)
motorcycle racing	मोटरसाइकिल रेसिंग (motarasaikil resing)
yoga	योग (yog)
dancing	नृत्य (nrty)
skateboarding	स्केटबोर्डिंग (sketabording)
chess	शतरंज (shataranj)
poker	पोकर (pokar)
climbing	आरोहण (aarohan)
bowling	बाउलिंग (bauling)
billiards	बिलियर्ड्स (biliyards)
ballet	बैले (baile)
warm-up	वार्मअप (vaarmap)
stretching	व्यायाम (vyaayaam)
sit-ups	उठक बैठक (uthak baithak)
push-up	पुश अप (push ap)
sauna	सॉना (sona)
1001	एक हज़ार एक (ek hazaar ek)
1012	एक हज़ार बारह (ek hazaar baarah)

49

1234	एक हज़ार दो सौ चौंतीस (ek hazaar do sau chauntees)
2000	दो हज़ार (do hazaar)
2002	दो हज़ार दो (do hazaar do)
2023	दो हज़ार और तेईस (do hazaar aur teees)
2345	दो हज़ार तीन सौ पैंतालीस (do hazaar teen sau paintaalees)
3000	तीन हज़ार (teen hazaar)
3003	तीन हज़ार तीन (teen hazaar teen)
4000	चार हज़ार (chaar hazaar)
4045	चार हज़ार पेंतालिस (chaar hazaar pentaalis)
5000	पांच हज़ार (paanch hazaar)
5678	पांच हज़ार छह सौ अठहत्तर (paanch hazaar chhah sau athahattar)
6000	छह हज़ार (chhah hazaar)
7000	सात हज़ार (saat hazaar)
7890	सात हज़ार आठ सौ नब्बे (saat hazaar aath sau nabbe)
8000	आठ हज़ार (aath hazaar)
8901	आठ हज़ार नौ सौ एक (aath hazaar nau sau ek)
9000	नौ हज़ार (nau hazaar)
9090	नौ हज़ार नब्बे (nau hazaar nabbe)
10.001	दस हजार एक (das hajaar ek)
20.020	बीस हजार बीस (bees hajaar bees)
30.300	तीस हजार तीन सौ (tees hajaar teen sau)
44.000	चवालीस हजार (chavaalees hajaar)
10.000.000	एक करोड़ (ek karod)
100.000.000	दस करोड़ (das karod)
1.000.000.000	एक अरब (ek arab)
10.000.000.000	दस अरब (das arab)
100.000.000.000	एक सौ अरब (ek sau arab)
1.000.000.000.000	दस खरब (das kharab)

to flow	प्रवाहित करना (pravaahit karana)
to gamble	जूआ खेलना (jooa khelana)
to pause	रोकना (rokana)
to gain weight	वजन बढ़ाना (vajan badhaana)
to lose weight	वजन कम करना (vajan kam karana)
to vomit	उलटी करना (ulatee karana)
to shout	चिल्लाना (chillaana)
to stare	ताकना (taakana)
to faint	बेहोश होना (behosh hona)
to swallow	निगलना (nigalana)
to shiver	कांपना (kaampana)
to give (a present)	देना (dena)
to give a massage	मालिश देने के लिए (maalish dene ke lie)
to climb	चढ़ना (chadhana)
to photocopy	फोटोकॉपी करना (photokopee karana)
to quote	उद्धरण करना (uddharan karana)
to print	मुद्रित करना (mudrit karana)
to scan	स्कैन करना (skain karana)
to calculate	गणना करना (ganana karana)
to earn	कमाना (kamaana)
to measure	मापना (maapana)
to be on strike	हड़ताल पर होना (hadataal par hona)
to wipe	पोछना (pochhana)
to vacuum	वैक्यूम करना (vaikyoom karana)
to mop up	पोछा लगाना (pochha lagaana)
to dry	सुखाना (sukhaana)
to boil	उबालना (ubaalana)
to fry	भूनना (bhoonana)
elevator	लिफ्ट (lipht)
balcony	बालकनी (baalakanee)

floor	फ़र्श (farsh)
attic	अटारी (ataaree)
front door	सामने का दरवाजा (saamane ka daravaaja)
corridor	गलियारा (galiyaara)
second basement floor	दूसरा तहखाना मंजिल (doosara tahakhaana manjil)
first basement floor	पहला तहखाना मंजिल (pahala tahakhaana manjil)
ground floor	भूतल (bhootal)
first floor	पहली मंजिल (pahalee manjil)
fifth floor	पाँचवी मंज़िल (paanchavee manzil)
chimney	चिमनी (chimanee)
fan	पंखा (pankha)
air conditioner	एयर कंडीशनर (eyar kandeeshanar)
vacuum cleaner	वैक्यूम क्लीनर (vaikyoom kleenar)
hairdryer	बाल सुखाने की मशीन (baal sukhaane kee masheen)
kettle	केतली (ketalee)

1201 - 1300

dishwasher	बर्तन धोने की मशीन (bartan dhone kee masheen)
cooker	कुकर (kukar)
oven	ओवन (ovan)
microwave	माइक्रोवेव (maikrovev)
fridge	फ्रिज (phrij)
washing machine	कपड़े धोने की मशीन (kapade dhone kee masheen)
heating	तापक (taapak)
sponge	स्पंज (spanj)
wooden spoon	लकड़ी की चम्मच (lakadee kee chammach)
detergent	डिटर्जेंट (ditarjent)
chopstick	चीनी काँटा (cheenee kaanta)
cutlery	कटलरी (katalaree)
spoon	चम्मच (chammach)
fork	कांटा (kaanta)
ladle	करछुल (karachhul)
pot	पॉट (pot)
pan	कड़ाही (kadaahee)
light bulb	लाइट बल्ब (lait balb)
alarm clock	अलार्म घड़ी (alaarm ghadee)
safe (for money)	तिजोरी (tijoree)
clothes hanger	कोट हुक (kot huk)
bookshelf	पुस्ताक तख्ता (pustaak takhta)
curtain	परदा (parada)
bed linen	बिस्तर की चादर (bistar kee chaadar)
mattress	गद्दा (gadda)
pillow	तकिया (takiya)
blanket	कंबल (kambal)

shelf	शेल्फ (shelph)
drawer	दराज (daraaj)
wardrobe	अलमारी (alamaaree)
bucket	बाल्टी (baaltee)
broom	झाड़ू (jhaadoo)
washing powder	कपड़े धोने का पाउडर (kapade dhone ka paudar)
scale	स्केल (skel)
laundry basket	कपड़े धोने की टोकरी (kapade dhone kee tokaree)
bathtub	बाथटब (baathatab)
bath towel	नहाने का तौलिया (nahaane ka tauliya)
ventilation	हवादार (havaadaar)
soap	साबुन (saabun)
toilet paper	टॉयलेट पेपर (toyalet pepar)
drain	नाली (naalee)
towel	तौलिया (tauliya)
basin	बेसिन (besin)
hat stand	टोपी स्टैंड (topee staind)
stool	स्टूल (stool)
light switch	लाइट स्विच (lait svich)
calendar	कैलेंडर (kailendar)
power outlet	बिजली के आउटलेट (bijalee ke aautalet)
carpet	गलीचा (galeecha)
saw	सॉ (so)
ladder	सीढ़ी (seedhee)
hose	नली (nalee)
shovel	बेलचा (belacha)
shed	छप्पर (chhappar)
pond	तालाब (taalaab)
mailbox (for letters)	मेलबॉक्स (melaboks)

fence	बाड़ (baad)
deck chair	डेक कुर्सी (dek kursee)
ice cream	आइसक्रीम (aaisakreem)
cream (food)	मलाई (malaee)
butter	मक्खन (makkhan)
yoghurt	दही (dahee)
fishbone	मछली की हड्डी (machhalee kee haddee)
tuna	टूना मछली (toona machhalee)
salmon	सैल्मन मछली (sailman machhalee)
lean meat	वसा के बिना मांस (vasa ke bina maans)
fat meat	वसा के साथ मांस (vasa ke saath maans)
ham	हैम (haim)
bacon	बेकन (bekan)
steak	स्टेक (stek)
sausage	सॉसेज (sosej)
turkey	टर्की (tarkee)
chicken (meat)	मुर्गी (murgee)
beef	गाय का मांस (gaay ka maans)
pork	सुअर का मांस (suar ka maans)
lamb	मेमना (memana)
pumpkin	कद्दू (kaddoo)
mushroom	मशरूम (masharoom)
garlic	लहसुन (lahasun)
leek	लीक (leek)
ginger	अदरक (adarak)
aubergine	बैंगन (baingan)
carrot	गाजर (gaajar)
cucumber	खीरा (kheera)
chili	मिर्च (mirch)
pepper (vegetable)	शिमला मिर्च (shimala mirch)

onion	प्याज (pyaaj)
potato	आलू (aaloo)
cauliflower	फूलगोभी (phoolagobhee)
cabbage	गोभी (gobhee)
broccoli	ब्रोकोली (brokolee)
lettuce	लेटिष (letish)
spinach	पालक (paalak)
bamboo (food)	बांस (baans)
corn	मक्का (makka)
pea	मटर (matar)
bean	सेम (sem)
pear	नाशपाती (naashapaatee)
apple	सेब (seb)
peel	छाल (chhaal)

pit	गुठली (guthalee)
olive	जैतून (jaitoon)
date (food)	खजूर (khajoor)
coconut	नारियल (naariyal)
almond	बादाम (baadaam)
peanut	मूंगफली (moongaphalee)
banana	केला (kela)
mango	आम (aam)
kiwi	कीवी (keevee)
avocado	एवोकैडो (evokaido)
pineapple	अनानास (anaanaas)
water melon	तरबूज (tarabooj)
grape	अंगूर (angoor)
sugar melon	खरबूज (kharabooj)
raspberry	रास्पबेरी (raaspaberee)
blueberry	ब्लूबेरी (blooberee)
strawberry	स्ट्रॉबेरी (stroberee)
cherry	चेरी (cheree)
plum	बेर (ber)
apricot	खुबानी (khubaanee)
peach	आड़ू (aadoo)
lemon	नींबू (neemboo)
orange (food)	नारंगी (naarangee)
tomato	टमाटर (tamaatar)
mint	पुदीना (pudeena)
cinnamon	दालचीनी (daalacheenee)
vanilla	वनीला (vaneela)
salt	नमक (namak)

pepper (spice)	मिर्च (mirch)
curry	करी (karee)
tobacco	तंबाकू (tambaakoo)
tofu	टोफू (tophoo)
vinegar	सिरका (siraka)
noodle	नूडल (noodal)
soy milk	सोया दूध (soya doodh)
flour	आटा (aata)
rice	चावल (chaaval)
oat	जई (jaee)
wheat	गेहूँ (gehoon)
soy	सोया (soya)
nut	अखरोट (akharot)
scrambled eggs	आमलेट (aamalet)
porridge	खिचडी (khichadee)
cereal	अनाज (anaaj)
honey	शहद (shahad)
jam	मुरब्बा (murabba)
chewing gum	चूइंग गम (chooing gam)
apple pie	ऐप्पल पाई (aippal paee)
waffle	वेफल (vephal)
pancake	पैनकेक (painakek)
cookie	कुकी (kukee)
pudding	पुडिंग (puding)
muffin	मफ़िन (mafin)
doughnut	डोनट (donat)
energy drink	ऊर्जा पेय (oorja pey)
apple juice	सेब का रस (seb ka ras)
milkshake	मिल्कशेक (milkashek)
coke	कोक (kok)

lemonade	नींबू पानी (neembu paanee)
hot chocolate	गर्म चॉकलेट (garm chokalet)
milk tea	दूध की चाय (doodh kee chaay)
green tea	हरी चाय (haree chaay)
black tea	काली चाय (kaalee chaay)
tap water	नल का पानी (nal ka paanee)
schnapps	श्रैप्स (shnaips)
cocktail	कॉकटेल (kokatel)
champagne	शैम्पेन (shaimpen)
rum	रम (ram)
whiskey	व्हिस्की (vhiskee)
vodka	वोडका (vodaka)
buffet	बुफे (buphe)
tip	टिप (tip)
menu	मेन्यू (menyoo)
takeaway	टेक अवे (tek ave)
seafood	समुद्री भोजन (samudree bhojan)
snack	नाश्ता (naashta)
side dish	साइड डिश (said dish)
spaghetti	स्पघेटी (spaghetee)
roast chicken	भुना चिकन (bhuna chikan)
sushi	सुशी (sushee)
popcorn	पॉपकॉर्न (popakorn)
chips	चिप्स (chips)
French fries	फ्रेंच फ्राइज (phrench phraij)
mayonnaise	मेयोनेज़ (meyonez)
tomato sauce	टमाटर सॉस (tamaatar sos)
sandwich	सैंडविच (saindavich)
hot dog	हॉट डॉग (hot dog)
burger	बर्गर (bargar)

booking	बुकिंग (buking)
hostel	छात्रावास (chhaatraavaas)
visa	वीसा (veesa)
passport	पासपोर्ट (paasaport)
diary	डायरी (daayaree)
postcard	पोस्टकार्ड (postakaard)
backpack	बैकपैक (baikapaik)
campfire	कैम्प फ़ायर (kaimp faayar)
sleeping bag	स्लीपिंग बैग (sleeping baig)
tent	तंबू (tamboo)
camping	कैम्पिंग (kaimping)
membership	सदस्यता (sadasyata)

1401 - 1500

reservation	आरक्षण (aarakshan)
dorm room	छात्रावास के कमरे (chhaatraavaas ke kamare)
twin room	जुड़वाँ कमरा (judavaan kamara)
double room	डबल कमरा (dabal kamara)
single room	सिंगल कमरा (singal kamara)
luggage	सामान (saamaan)
lobby	लॉबी (lobee)
decade	दशक (dashak)
century	सदी (sadee)
millennium	सहस्राब्दी (sahasraabdee)
Thanksgiving	थैंक्सगिविंग (thainksagiving)
Halloween	हैलोवीन (hailoveen)
Ramadan	रमजान (ramajaan)
grandparents	दादा दादी (daada daadee)
grandchild	पोता (pota)
siblings	भाई बहन (bhaee bahan)
mother-in-law	सास (saas)
father-in-law	ससुर (sasur)
granddaughter	पोती (potee)
grandson	पोता (pota)
son-in-law	दामाद (daamaad)
daughter-in-law	बहू (bahoo)
nephew	भतीजा (bhateeja)
niece	भांजी (bhaanjee)
cousin (female)	चचेरी बहन (chacheree bahan)
cousin (male)	चचेरा भाई (chachera bhaee)
cemetery	कब्रिस्तान (kabristaan)
gender	लिंग (ling)

urn	कलश (kalash)
corpse	लाश (laash)
coffin	ताबूत (taaboot)
retirement	निवृत्ति (nivrtti)
funeral	अंतिम संस्कार (antim sanskaar)
honeymoon	हनीमून (haneemoon)
wedding ring	शादी की अंगूठी (shaadee kee angoothee)
lovesickness	प्रेम रोग (prem rog)
vocational training	व्यावसायिक प्रशिक्षण (vyaavasaayik prashikshan)
high school	उच्च विद्यालय (uchch vidyaalay)
junior school	जूनियर स्कूल (jooniyar skool)
twins	जुडवा (judava)
primary school	प्राथमिक स्कूल (praathamik skool)
kindergarten	किंडरगार्टन (kindaragaartan)
birth	जन्म (janm)
hand brake	हाथ ब्रेक (haath brek)
battery	बैटरी (baitaree)
motor	मोटर (motar)
GPS	जीपीएस (jeepeees)
airbag	एयरबैग (eyarabaig)
horn	हॉर्न (horn)
clutch	क्लच (klach)
brake	ब्रेक (brek)
throttle	त्वरित्र (tvaritr)
steering wheel	स्टीयरिंग व्हील (steeyaring vheel)
petrol	पेट्रोल (petrol)
diesel	डीज़ल (deezal)
seatbelt	सीट बेल्ट (seet belt)
indicator	ब्लिंकर (blinkar)

tyre	टायर (taayar)
rear trunk	रियर ट्रंक (riyar trank)
railtrack	रेल की पटरी (rel kee pataree)
ticket vending machine	टिकट वेंडिंग मशीन (tikat vending masheen)
ticket office	टिकट दफ्तर (tikat daphtar)
subway	भूमिगत रेल (bhoomigat rel)
high-speed train	उच्च गति रेल (uchch gati rel)
locomotive	लोकोमोटिव (lokomotiv)
carriage	गाड़ी (gaadee)
platform	प्लेटफार्म (pletaphaarm)
tram	ट्राम (traam)
school bus	स्कूल बस (skool bas)
minibus	छोटी बस (chhotee bas)
fare	किराया (kiraaya)
coach (bus)	बस (bas)
timetable	टाइम टेबल (taim tebal)
airport	हवाई अड्डा (havaee adda)
gate	द्वार (dvaar)
departure	प्रस्थान (prasthaan)
arrival	आगमन (aagaman)
customs	कस्टम (kastam)
airline	एयरलाइन (eyaralain)
helicopter	हेलीकॉप्टर (heleekoptar)
check-in desk	चेक-इन डेस्क (chek-in desk)
carry-on luggage	ले जाने योग्य सामान (le jaane yogy saamaan)
first class	प्रथम श्रेणी (pratham shrenee)
economy class	इकॉनमी क्लास (ikonamee klaas)
business class	बिजनेस क्लास (bijanes klaas)
emergency exit (on plane)	आपातकालीन निकास (aapaatakaaleen nikaas)

aisle	गलियारा (galiyaara)
window (in plane)	खिड़की (khidakee)
row	पंक्ति (pankti)
wing	विंग (ving)
engine	इंजन (injan)
cockpit	कॉकपिट (kokapit)
life jacket	लाइफ जैकेट (laiph jaiket)
container	कंटेनर (kantenar)
submarine	पनडुब्बी (panadubbee)
container ship	कंटेनर जहाज (kantenar jahaaj)
yacht	नौका (nauka)
ferry	यात्री नौका (yaatree nauka)
harbour	बंदरगाह (bandaragaah)
lifeboat	जीवन नौका (jeevan nauka)

radar	रेडार (redaar)
anchor	लंगर (langar)
life buoy	जीवन अंगूठी (jeevan angoothee)
street light	गली की बत्ती (galee kee battee)
pavement	फुटपाथ (phutapaath)
petrol station	पेट्रोल स्टेशन (petrol steshan)
construction site	निर्माण स्थल (nirmaan sthal)
speed limit	गति सीमा (gati seema)
pedestrian crossing	पैदल चलने वालों का मार्ग (paidal chalane vaalon ka maarg)
one-way street	एकतरफा गली (ekatarapha galee)
toll	टोल (tol)
intersection	चौराहा (chauraaha)
traffic jam	ट्रैफ़िक जाम (traifik jaam)
motorway	हाईवे (haeeve)
breakdown	ब्रेकडाउन (brekadaun)
breakdown triangle	ब्रेकडाउन त्रिकोण (brekadaun trikon)
tank	टैंक (taink)
road roller	सड़क रोलर (sadak rolar)
excavator	खोदक मशीन (khodak masheen)
tractor	ट्रैक्टर (traiktar)
air pump	वायु पंप (vaayu pamp)
chain	चेन (chen)
jack	जैक (jaik)
trailer	ट्रेलर (trelar)
motor scooter	मोटर स्कूटर (motar skootar)
cable car	केबल कार (kebal kaar)
guitar	गिटार (gitaar)

drums	ड्रम (dram)
keyboard (music)	कीबोर्ड (keebord)
trumpet	तुरही (turahee)
piano	पियानो (piyaano)
violin	वायोलिन (vaayolin)
concert	संगीत कार्यक्रम (sangeet kaaryakram)
note (music)	सुर (sur)
opera	ओपेरा (opera)
orchestra	ऑर्केस्ट्रा (orkestra)
rap	रैप (raip)
classical music	शास्त्रीय संगीत (shaastreey sangeet)
folk music	लोक संगीत (lok sangeet)
rock (music)	रॉक (rok)
pop	पॉप (pop)
jazz	जाज (jaaj)
theatre	थिएटर (thietar)
brush (to paint)	ब्रश (brash)
samba	साम्बा (saamba)
tango	टैंगो नृत्य (taingo nrty)
alphabet	वर्णमाला (varnamaala)
novel	उपन्यास (upanyaas)
text	टेक्स्ट (tekst)
heading	शीर्षक (sheershak)
character	अक्षर (akshar)
letter (like a, b, c)	अक्षर (akshar)
content	सामग्री (saamagree)
photo album	फोटो एलबम (photo elabam)
comic book	हास्य पुस्तक (haasy pustak)
sports ground	खेल का मैदान (khel ka maidaan)
dictionary	शब्दकोश (shabdakosh)

term	अवधि (avadhi)
notebook	नोटबुक (notabuk)
schoolbag	स्कूल बैग (skool baig)
geometry	ज्यामिति (jyaamiti)
politics	राजनीति (raajaneeti)
philosophy	दर्शन (darshan)
economics	अर्थशास्त्र (arthashaastr)
physical education	शारीरिक शिक्षा (shaareerik shiksha)
biology	जीवविज्ञान (jeevavigyaan)
mathematics	गणित (ganit)
geography	भूगोल (bhoogol)
literature	साहित्य (saahity)
Arabic	अरबी (arabee)
German	जर्मन (jarman)
Japanese	जापानी (jaapaanee)
Mandarin	मंदारिन (mandaarin)
Spanish	स्पेनिश (spenish)
chemistry	रसायन विज्ञान (rasaayan vigyaan)
physics	भौतिक विज्ञान (bhautik vigyaan)
ruler	रूलर (roolar)
rubber	रबर (rabar)
scissors	कैंची (kainchee)
adhesive tape	चिपकने वाला टेप (chipakane vaala tep)
glue	गोंद (gond)
ball pen	बॉल पेन (bol pen)
paperclip	पेपर क्लिप (pepar klip)
100%	एक सौ प्रतिशत (ek sau pratishat)
0%	शून्य प्रतिशत (shoony pratishat)
cubic meter	घन मीटर (ghan meetar)
square meter	वर्ग मीटर (varg meetar)

mile	मील (meel)
meter	मीटर (meetar)
centimeter	सेंटीमीटर (senteemeetar)
millimeter	मिलीमीटर (mileemeetar)
sphere	गोला (gola)
width	चौड़ाई (chaudaee)
height	ऊंचाई (oonchaee)
volume	आयतन (aayatan)
curve	वक्र (vakr)
angle	कोण (kon)
straight line	सीधी रेखा (seedhee rekha)
pyramid	पिरामिड (piraamid)
cube	घनक्षेत्र (ghanakshetr)

rectangle	आयत (aayat)
triangle	त्रिकोण (trikon)
radius	त्रिज्या (trijya)
watt	वाट (vaat)
ampere	एम्पीयर (empeeyar)
volt	वाल्ट (vaalt)
force	बल (bal)
liter	लीटर (leetar)
milliliter	मिली लीटर (milee leetar)
ton	टन (tan)
kilogram	किलोग्राम (kilograam)
gram	ग्राम (graam)
magnet	चुंबक (chumbak)
microscope	माइक्रोस्कोप (maikroskop)
funnel	कीप (keep)
laboratory	प्रयोगशाला (prayogashaala)
canteen	कैंटीन (kainteen)
lecture	लेक्चर (lekchar)
scholarship	छात्रवृत्ति (chhaatravrtti)
diploma	डिप्लोमा (diploma)
3.4	तीन दशमलव चार (teen dashamalav chaar)
3 to the power of 5	पांच पर तीन घात (paanch par teen ghaat)
4 / 2	चार दो से विभाजित (chaar do se vibhaajit)
1 + 1 = 2	एक और एक जुड़ कर दो होते हैं (ek aur ek jud kar do hote hain)
full stop	पूर्ण विराम (poorn viraam)
6^3	छह घन (chhah ghan)
4^2	चार वर्ग (chaar varg)

contact@pinhok.com	कांटेक्ट एट पिनहोक डॉट कॉम (kaantekt et pinahok dot kom)
&	तथा (tatha)
/	स्लेश (slesh)
()	ब्रैकेट (braiket)
)	दांया कोष्ठक (daanya koshthak)
(	बांया कोष्ठक (baanya koshthak)
semicolon	अर्धविराम (ardhaviraam)
comma	अल्पविराम (alpaviraam)
colon	अपूर्ण विराम (apoorn viraam)
www.pinhok.com	डबल्यूडबल्यूडबल्यू डॉट पिनहोक डॉट कॉम (dabalyoodabalyoodabalyoo dot pinhok dot kom)
underscore	अंडरस्कोर (andaraskor)
hyphen	योजक (yojak)
3 - 2	तीन माइनस दो (teen mainas do)
apostrophe	लोप चिन्ह (lop chinh)
2 x 3	दो गुणा तीन (do guna teen)
1 + 2	एक प्लस दो (ek plas do)
exclamation mark	विस्मयादिबोधक चिह्न (vismayaadibodhak chihn)
question mark	प्रश्न चिन्ह (prashn chinh)
space	रिक्त स्थान (rikt sthaan)
soil	मिट्टी (mittee)
coal	कोयला (koyala)
sand	रेत (ret)
clay	चिकनी मिट्टी (chikanee mittee)
rocket	राकेट (raaket)
satellite	उपग्रह (upagrah)
galaxy	मन्दाकिनी (mandaakinee)
asteroid	क्षुद्रग्रह (kshudragrah)
continent	महाद्वीप (mahaadveep)

equator	भूमध्य रेखा (bhoomadhy rekha)
stream	धारा (dhaara)
rainforest	वर्षावन (varshaavan)
cave	गुफ़ा (gupha)
waterfall	झरना (jharana)
shore	किनारा (kinaara)
glacier	ग्लेशियर (gleshiyar)
earthquake	भूकंप (bhookamp)
crater	क्रेटर (kretar)
volcano	ज्वालामुखी (jvaalaamukhee)
pole	ध्रुव (dhruv)
12 °C	बारह डिग्री सेंटीग्रेड (baarah digree senteegred)
0 °C	शून्य डिग्री सेंटीग्रेड (shoony digree senteegred)
-2 °C	माइनस दो डिग्री सेंटीग्रेड (mainas do digree senteegred)
Fahrenheit	फ़ारेनहाइट (phaarenahait)
centigrade	सेंटीग्रेड (senteegred)
tornado	बवंडर (bavandar)
flood	बाढ़ (baadh)
fog	कोहरा (kohara)
rainbow	इंद्रधनुष (indradhanush)
thunder	गड़गड़ाहट (gadagadaahat)
lightning	आकाशीय बिजली (aakaasheey bijalee)
thunderstorm	तड़ितझंझा (taditjhanjha)
temperature	तापमान (taapamaan)
typhoon	आंधी (aandhee)
hurricane	तूफ़ान (toophaan)
cloud	बादल (baadal)
sunshine	सूर्यप्रकाश (sooryaprakaash)
bamboo (plant)	बांस (baans)

palm tree	ताड़ का पेड़ (taad ka ped)
branch	डाली (daalee)
leaf	पत्ती (pattee)
root	जड़ (jad)
trunk	तना (tana)
cactus	कैक्टस (kaiktas)
sunflower	सूरजमुखी (soorajamukhee)
seed	बीज (beej)
blossom	खिलना (khilana)
stalk	डंठल (danthal)
plastic	प्लास्टिक (plaastik)
carbon dioxide	कार्बन डाइआक्साइड (kaarban daiaaksaid)
solid	ठोस पदार्थ (thos padaarth)
fluid	तरल पदार्थ (taral padaarth)
atom	परमाणु (paramaanu)
iron	लोह (loh)

1701 - 1800

oxygen	ऑक्सीजन (okseejan)
flip-flops	फ्लिप फ्लॉप (phlip phlop)
leather shoes	चमड़े के जूते (chamade ke joote)
high heels	ऊँची एड़ी के जूते (oonchee edee ke joote)
trainers	स्नीकर्स (sneekars)
raincoat	रेनकोट (renakot)
jeans	जीन्स (jeens)
skirt	स्कर्ट (skart)
shorts	शॉर्ट्स (shorts)
pantyhose	पेंटीहोज (penteehoj)
thong	थाँग (thong)
panties	जाँघिया (jaanghiya)
crown	मुकुट (mukut)
tattoo	टैटू (taitoo)
sunglasses	धूप का चश्मा (dhoop ka chashma)
umbrella	छतरी (chhataree)
earring	कान की बाली (kaan kee baalee)
necklace	हार (haar)
baseball cap	बेसबॉल टोपी (besabol topee)
belt	बेल्ट (belt)
tie	टाई (taee)
knit cap	बुनी हुई टोपी (bunee huee topee)
scarf	दुपट्टा (dupatta)
glove	दस्ताना (dastaana)
swimsuit	स्विमिंग सूट (sviming soot)
bikini	बिकिनी (bikinee)
swim trunks	तैरना चड्डी (tairana chaddee)
swim goggles	तैरना काले चश्मे (tairana kaale chashme)

barrette	बारित (baarit)
brunette	श्यामला (shyaamala)
blond	गोरा (gora)
bald head	गंजा सर (ganja sar)
straight (hair)	सीधे (seedhe)
curly	घुंघराले (ghungharaale)
button	बटन (batan)
zipper	ज़िपर (zipar)
sleeve	आस्तीन (aasteen)
collar	कॉलर (kolar)
hood	हुड (hud)
polyester	पॉलिएस्टर (poliestar)
silk	रेशम (resham)
cotton	कपास (kapaas)
wool	ऊन (oon)
changing room	वस्त्र बदलने का कमरा (vastr badalane ka kamara)
face mask	चेहरे का मास्क (chehare ka maask)
perfume	इत्र (itr)
tampon	टैम्पोन (taimpon)
nail scissors	नाखून कैंची (naakhoon kainchee)
nail clipper	नाखून कतरनी (naakhoon kataranee)
hair gel	बाल जेल (baal jel)
shower gel	शावर जेल (shaavar jel)
condom	कंडोम (kandom)
shaver	इलेक्ट्रिक शेवर (ilektrik shevar)
razor	उस्तरा (ustara)
sunscreen	सनस्क्रीन (sanaskreen)
face cream	चेहरा क्रीम (chehara kreem)
brush (for cleaning)	ब्रश (brash)

nail polish	नेल पॉलिश (nel polish)
lip gloss	होंठ की चमक (honth kee chamak)
nail file	नेल फाइल (nel phail)
foundation	फाउंडेशन (phaundeshan)
mascara	मस्कारा (maskaara)
eye shadow	आई शेडो (aaee shedo)
warranty	गारंटी (gaarantee)
bargain	विशेष ऑफ़र (vishesh ofar)
cash register	नकदी रजिस्टर (nakadee rajistar)
basket	टोकरी (tokaree)
shopping mall	शॉपिंग मॉल (shoping mol)
pharmacy	फार्मेसी (phaarmesee)
multi-storey car park	बहुमंजिला कार पार्क (bahumanjila kaar paark)
skyscraper	गगनचुंबी इमारत (gaganachumbee imaarat)
castle	महल (mahal)
embassy	दूतावास (dootaavaas)
synagogue	आराधनालय (aaraadhanaalay)
temple	मंदिर (mandir)
factory	फ़ैक्टरी (faiktaree)
mosque	मस्जिद (masjid)
town hall	टाउन हॉल (taun hol)
post office	डाक घर (daak ghar)
fountain	फव्वारा (phavvaara)
night club	नाइट क्लब (nait klab)
bench	बेंच (bench)
golf course	गोल्फ कोर्स (golph kors)
football stadium	फुटबॉल स्टेडियम (phutabol stediyam)
swimming pool (building)	स्विमिंग पूल (sviming pool)
tennis court	टेनिस कोर्ट (tenis kort)

tourist information	पर्यटन सूचना (paryatan soochana)
casino	कैसिनो (kaisino)
art gallery	आर्ट गैलरी (aart gailaree)
museum	संग्रहालय (sangrahaalay)
national park	राष्ट्रीय उद्यान (raashtreey udyaan)
tourist guide	पर्यटक गाइड (paryatak gaid)
souvenir	स्मारिका (smaarika)
alley	गली (galee)
dam	बांध (baandh)
steel	इस्पात (ispaat)
crane	क्रेन (kren)
concrete	कंक्रीट (kankreet)
scaffolding	मचान (machaan)
brick	ईंट (eent)

paint	रंग (rang)
nail	कील (keel)
screwdriver	पेंचकस (penchakas)
tape measure	नापने का फ़ीता (naapane ka feeta)
pincers	चिमटा (chimata)
hammer	हथौड़ा (hathauda)
drilling machine	ड्रिल (dril)
aquarium	मछलीघर (machhaleeghar)
water slide	पानी की स्लाइड (paanee kee slaid)
roller coaster	रोलर कॉस्टर (rolar kostar)
water park	वाटर पार्क (vaatar paark)
zoo	चिड़ियाघर (chidiyaaghar)
playground	खेल का मैदान (khel ka maidaan)
slide	फिसल पट्टी (phisal pattee)
swing	झूला (jhoola)
sandbox	सैंडबॉक्स (saindaboks)
helmet	हेलमेट (helamet)
uniform	वर्दी (vardee)
fire (emergency)	आग (aag)
emergency exit (in building)	आपातकालीन निकास (aapaatakaaleen nikaas)
fire alarm	फायर अलार्म (phaayar alaarm)
fire extinguisher	अग्निशामक (agnishaamak)
police station	पुलिस स्टेशन (pulis steshan)
state	राज्य (raajy)
region	क्षेत्र (kshetr)
capital	राजधानी (raajadhaanee)
visitor	आगंतुक (aagantuk)

emergency room	आपातकालीन कक्ष (aapaatakaaleen kaksh)
intensive care unit	इंटेंसिव केयर यूनिट (intensiv keyar yoonit)
outpatient	बाहरी मरीज़ (baaharee mareez)
waiting room	प्रतीक्षालय (prateekshaalay)
aspirin	एस्पिरिन (espirin)
sleeping pill	नींद की गोली (neend kee golee)
expiry date	समाप्ति तिथि (samaapti tithi)
dosage	खुराक (khuraak)
cough syrup	खांसी की दवाई (khaansee kee davaee)
side effect	साइड इफेक्ट (said iphekt)
insulin	इंसुलिन (insulin)
powder	पाउडर (paudar)
capsule	कैप्सूल (kaipsool)
vitamin	विटामिन (vitaamin)
syringe (medicine)	सिरिंज (sirinj)
infusion	आसव (aasav)
painkiller	दर्द निवारक (dard nivaarak)
antibiotics	एंटीबायोटिक दवाओं (enteebaayotik davaon)
inhaler	साँस लेनेवाला (saans lenevaala)
bacterium	जीवाणु (jeevaanu)
virus	वाइरस (vairas)
heart attack	दिल का दौरा (dil ka daura)
diarrhea	दस्त (dast)
diabetes	मधुमेह (madhumeh)
stroke	आघात (aaghaat)
asthma	दमा (dama)
cancer	कैंसर (kainsar)
nausea	मतली (matalee)
flu	फ़्लू (floo)
toothache	दांत दर्द (daant dard)

sunburn	धूप की कालिमा (dhoop kee kaalima)
poisoning	विषाक्तीकरण (vishaakteekaran)
sore throat	गले में खराश (gale mein kharaash)
hay fever	हे फीवर (he pheevar)
stomach ache	पेट दर्द (pet dard)
infection	संक्रमण (sankraman)
allergy	एलर्जी (elarjee)
cramp	ऐंठन (ainthan)
nosebleed	नकसीर (nakaseer)
headache	सरदर्द (saradard)
spray	स्प्रे (spre)
syringe (tool)	सिरिंज (sirinj)
needle	सुई (suee)
dental brace	दंत ब्रेस (dant bres)
crutch	बैसाखी (baisaakhee)
X-ray photograph	एक्स-रे तस्वीर (eks-re tasveer)
ultrasound machine	अल्ट्रासाउंड मशीन (altraasaund masheen)
plaster	प्लास्टर (plaastar)
bandage	पट्टी (pattee)
wheelchair	व्हीलचेयर (vheelacheyar)
blood test	रक्त परीक्षण (rakt pareekshan)
cast	प्लास्टर (plaastar)
fever thermometer	बुखार थर्मामीटर (bukhaar tharmaameetar)
breathing	साँस लेना (saans lena)
pulse	नाड़ी (naadee)
injury	चोट (chot)
emergency	आपातकालीन (aapaatakaaleen)
concussion	हिलाना (hilaana)
suture	टांका (taanka)
burn	जलाना (jalaana)

fracture	हड्डी टूटना (haddee tootana)
meditation	ध्यान (dhyaan)
massage	मालिश (maalish)
birth control pill	जन्म नियंत्रण की गोली (janm niyantran kee golee)
pregnancy test	गर्भावस्था परीक्षण (garbhaavastha pareekshan)
tax	कर (kar)
meeting room	बैठक कमरे (baithak kamare)
business card	बिजनेस कार्ड (bijanes kaard)
IT	आईटी (aaeetee)
human resources	मानव संसाधन (maanav sansaadhan)
legal department	कानूनी विभाग (kaanoonee vibhaag)
accounting	लेखांकन (lekhaankan)
marketing	विपणन (vipanan)

sales	बिक्री (bikree)
colleague	सहकर्मी (sahakarmee)
employer	नियोक्ता (niyokta)
employee	कर्मचारी (karmachaaree)
note (information)	टिप्पणी (tippanee)
presentation	प्रस्तुति (prastuti)
folder (physical)	फ़ोल्डर (foldar)
rubber stamp	रबर स्टांप (rabar staamp)
projector	प्रोजेक्टर (projektar)
text message	पाठ संदेश (paath sandesh)
parcel	पार्सल (paarsal)
stamp	डाक टिकट (daak tikat)
envelope	लिफाफा (liphaapha)
prime minister	प्रधान मंत्री (pradhaan mantree)
pharmacist	फार्मासिस्ट (phaarmaasist)
firefighter	फायर फाइटर (phaayar phaitar)
dentist	दंत चिकित्सक (dant chikitsak)
entrepreneur	व्यवसायी (vyavasaayee)
politician	राजनीतिज्ञ (raajaneetigy)
programmer	प्रोग्रामर (prograamar)
stewardess	भंडारिन (bhandaarin)
scientist	वैज्ञानिक (vaigyaanik)
kindergarten teacher	बालवाड़ी शिक्षक (baalavaadee shikshak)
architect	आर्किटेक्ट (aarkitekt)
accountant	अकाउंटेंट (akauntent)
consultant	सलाहकार (salaahakaar)
prosecutor	अभियोक्ता (abhiyokta)
general manager	महाप्रबंधक (mahaaprabandhak)

bodyguard	अंगरक्षक (angarakshak)
landlord	मकान मालिक (makaan maalik)
conductor	कंडक्टर (kandaktar)
waiter	वेटर (vetar)
security guard	सुरक्षा कर्मी (suraksha karmee)
soldier	सैनिक (sainik)
fisherman	मछुआ (machhua)
cleaner	सफाई वाला (saphaee vaala)
plumber	प्लम्बर (plambar)
electrician	बिजली मिस्त्री (bijalee mistree)
farmer	किसान (kisaan)
receptionist	रिसेप्शनिस्ट (risepshanist)
postman	डाकिया (daakiya)
cashier	केशियर (keshiyar)
hairdresser	नाई (naee)
author	लेखक (lekhak)
journalist	पत्रकार (patrakaar)
photographer	फोटोग्राफर (photograaphar)
thief	चोर (chor)
lifeguard	जीवनरक्षक (jeevanarakshak)
singer	गायक (gaayak)
musician	संगीतकार (sangeetakaar)
actor	अभिनेता (abhineta)
reporter	रिपोर्टर (riportar)
coach (sport)	कोच (koch)
referee	रेफरी (repharee)
folder (computer)	फ़ोल्डर (foldar)
browser	ब्राउज़र (brauzar)
network	नेटवर्क (netavark)
smartphone	स्मार्टफोन (smaartaphon)

earphone	ईरफ़ोन (eerafon)
mouse (computer)	माउस (maus)
keyboard (computer)	कीबोर्ड (keebord)
hard drive	हार्ड ड्राइव (haard draiv)
USB stick	यूएसबी स्टिक (yooesabee stik)
scanner	स्कैनर (skainar)
printer	मुद्रक (mudrak)
screen (computer)	स्क्रीन (skreen)
laptop	लैपटॉप (laipatop)
fingerprint	अंगुली की छाप (angulee kee chhaap)
suspect	संदिग्ध व्यक्ति (sandigdh vyakti)
prison cell	कारावास (kaaraavaas)
defendant	प्रतिवादी (prativaadee)
investment	निवेश (nivesh)
stock exchange	शेयर बाजार (sheyar baajaar)
share	शेयर (sheyar)
dividend	लाभांश (laabhaansh)
pound	पौंड (paund)
euro	यूरो (yooro)
yen	येन (yen)
yuan	युआन (yuaan)
dollar	डॉलर (dolar)
note (money)	नोट (not)
coin	सिक्का (sikka)
interest	ब्याज (byaaj)
loan	ऋण (rn)
account number	खाता संख्या (khaata sankhya)
bank account	बैंक खाता (baink khaata)
world record	विश्व रिकॉर्ड (vishv rikord)
stopwatch	स्टॉपवॉच (stopavoch)

medal	पदक (padak)
cup (trophy)	कप (kap)
robot	रोबोट (robot)
cable	केबल (kebal)
plug	प्लग (plag)
loudspeaker	लाउडस्पीकर (laudaspeekar)
vase	फूलदान (phooladaan)
lighter	लाइटर (laitar)
package	पैकेज (paikej)
tin	टिन (tin)
water bottle	पानी की बोतल (paanee kee botal)
candle	मोमबत्ती (momabattee)

24268542R00049

Printed in Poland
by Amazon Fulfillment
Poland Sp. z o.o., Wrocław